LE PETIT CUISINIER

HABILE,

Ou l'art d'apprêter les Alimens avec délicatesse et économie ;

Suivi d'un petit Traité sur les Confitures et sur la conservation des Fruits et Légumes les plus estimés.

Par Madame Fr......

NOUVELLE ÉDITION
CORRIGÉE ET AUGMENTÉE.

L'Esprit fait des mortels aimables, mais l'estomac fait des heureux.

A PARIS,

CHEZ L'AUTEUR, RUE PASTOURELLE, PRÈS LA RUE D'ANJOU, n.° 24.

1814.

CHASSONS à jamais de nos tables
Ces plats savamment détestables,
Enfans du luxe et de l'orgueil,
Qui, fort agréables à l'œil,
A l'estomac insupportables,
Nous acheminent au cercueil
Par des coliques honorables.

LE PETIT
CUISINIER
HABILE.

VIANDES ET VOLAILLES.

Manière de bien apprêter les Cervelles de Veau.

On fait cuire deux cervelles de veau avec du vin blanc, des bardes de lard, un bouquet de persil, ciboules, une gousse d'ail, trois clous de girofle, un peu de sel et du gros poivre ; on met gros comme la moitié d'un œuf de bon beurre dans une casserole, avec une cuillerée de moutarde et un peu de coulis ; on fait lier sur le feu ; on trempe ces cervelles dans cette sauce, on les passe moitié mie de pain, moitié fromage râpé ; on leur fait prendre couleur sous la tourtière, et on sert avec une sauce faite avec du bouillon et un peu de moutarde : on fait chauffer sans bouillir et on sert chaud.

Fraise de Veau à la sauce piquante.

Après avoir bien nettoyé une fraise de veau, on la fait cuire au naturel, ensuite on la dégraisse, on la coupe en filets et on la sert avec la sauce suivante :

Sauce piquante fine.

On met dans une casserole un morceau de beurre avec deux gros oignons en tranches, une carotte, un panais, un peu de thym, laurier, basilic, deux clous de giroffle, deux échalottes, une gousse d'ail, persil et ciboules ; on passe le tout ensemble sur le feu, jusqu'à ce que cela soit bien coloré ; on y met ensuite une bonne pincée de farine, on mouille avec du bouillon et une cuillerée de bon vinaigre ; on fait bouillir à très-petit feu, on dégraisse, on passe au tamis, et on assaisonne de sel et de poivre. On se sert aussi de cette sauce pour la tête de veau, pour les pieds de

(5)

veau, etc., enfin, pour tout ce qui a
besoin d'être relevé.

Étuvée de Veau.

Vous couperez vos morceaux et les
laverez bien, puis trempez-les dans un
peu de beurre roux, et rangez-les dans
une casserole, mettez du bouillon ou
de l'eau, faute de bouillon, avec sel,
et ne l'écumez point, parce que vous
perdriez votre beurre ; (si vous la vouliez écumer, il ne faudrait point la passer
en la poêle auparavant ; ensuite, après
l'avoir écumée, portez-y votre beurre,)
ajoutez-y du laurier, lard haché, et un
paquet que vous composerez de cette
sorte, savoir : persil, ciboules, thym,
et la faites cuire à petit feu ; quand vous
serez prêt à servir, vous pourrez mettre
jaune d'œuf avec verjus, ou un filet de
vinaigre ; faites courte sauce et servez
chaudement.

Bouilli resservi, à la fine.

On coupe en tranches bien proprement son bœuf froid, et on le fait

mariner une demi-heure, avec un peu
d'huile, persil, ciboules, champignons,
une pointe d'ail, deux échalottes, le
tout haché; sel et gros poivre: on fait
tenir, à chaque tranche, le plus qu'on
peut, de la marinade; et on les pane
toutes de mie de pain; on les fait griller
à petit feu, en les arrosant avec le reste
de la marinade; on les sert avec un jus
clair et un filet de verjus ou de vinaigre.

Bœuf à la mode.

Vous prendrez un joli morceau de
bœuf, de la fesse, vous le battrez bien
et le larderez avec gros lard bien assaisonné d'épices et de sel, mettez bandes
de lard au fond de votre vaisseau, placez
votre viande dessus, avec deux feuilles
de laurier, poivre, girofle et un peu de
bouillon; couvrez votre vaisseau ensorte
qu'il n'y ait point d'air, et faites cuire
ainsi très-lentement; quand vous serez
prêt à servir, vous mettrez un peu de
vin. On peut le servir chaud ou froid,
mais il vaut mieux chaud. Quelques-uns

mettent à la fin un peu de pain fort
menu pour lier la sauce, mais je ne le
trouve pas nécessaire.

Beafteck anglais, à la sauce fine.

On choisit pour cela des tranches de
bœuf bien tendre, un peu larges et
fort minces, on en ôte tous les nerfs
et la graisse, on les applatit ensuite
avec le couperet, on les larde avec
des filets d'anchois bien lavés et des-
salés, et avec du lard. On les fait cuire
ensuite à très-petit feu, avec un verre
de bouillon, un verre de bon vin blanc,
un bouquet de persil, ciboule, échalotes, estragon, pimprenelle, deux clous
de girofle, une feuille de laurier, peu
de sel et gros poivre. La cuisson achevée, on passe la sauce, qui doit être
courte, au tamis; on la dégraisse; on y
met du beurre manié de farine, avec
deux cuillerées de crême et une demi-
tasse de belles câpres; on fait lier sur
le feu, et on la sert bien chaude sur les
tranches de bœuf.

Queues de mouton aux marrons de Lyon.

On fait blanchir six queues de mouton (plus ou moins,) autant d'ailerons de dindon ; on les retire à l'eau froide : on met les queues de mouton dans une petite marmite, avec des bandes de lard, un bouquet de persil, ciboule, une demi-gousse d'ail, deux clous de girofle, une feuille de laurier, un peu de thym et de basilic, mouillés de bon bouillon et d'un demi-verre de vin blanc; un peu de sel, gros poivre, une tranche de jambon et quelques champignons, s'il y en a ; on fait bouillir à petit feu : quand les queues de mouton sont cuites à moitié, on y met les ailerons, pour les faire cuire avec : on prend un demi-cent de marrons qu'on épluche de la première peau, on les met dans une tourtière, feu dessus-dessous, jusqu'à ce qu'ils quittent la seconde peau, qu'on leur ôte à mesure qu'ils sont chauds ; on prend ensuite les plus beaux, on les met dans une

casserole avec un peu de bon bouillon,
pour les faire cuire. On pile dans un
mortier ceux qui se trouvent cassés
dans la cuisson. Les queues de mouton
étant cuites, on prend la moitié de leur
jus, qu'on dégraisse, on s'en sert pour
délayer les marrons pilés, on passe ce
coulis à l'étamine, on y ajoute ensuite
les marrons entiers avec un peu de
coulis : on dresse les queues de mouton
dans la terrine où l'on veut servir (car
ce sont des queues de mouton en terrine ;) on met les ailerons de dindon
par-dessus, et, après avoir essuyé le
tout de sa graisse avec un linge blanc,
on met le coulis, les marrons par-dessus,
et on sert.

Rouelles de Veau.

Les rouelles de veau se prennent
entre la longe et le jarret ; vous les battrez bien et les larderez avec gros lard,
assaisonnez d'épices et sel, puis les
passerez par la poêle, avec lard haché
ou beurre, ensuite vous les mettrez dans

la bassine ou casserole, et l'accommoderez comme il est dit au bœuf à la mode ; vous y ajouterez de même à la fin un peu de vin ; prenez garde qu'il n'y ait pas trop de sauce, car il n'en faut que très-peu ; si vous n'avez qu'une seule rouelle, faites - la cuire sans eau ni bouillon, à petit feu, et encore mieux dans la cloche à la braise ; faites courte sauce et servez.

Côtelettes de Veau en marinade fine.

On met dans une casserole gros comme la moitié d'un œuf, de beurre manié d'une pincée de farine, avec un oignon en tranches, une gousse d'ail, trois clous de girofle, persil, ciboules, basilic, thym, laurier, trois cuillerées de bon vinaigre, un verre d'eau, sel, poivre, que l'on fait tiédir sur le feu ; on y met ensuite les côtelettes de veau proprement coupées et battues, on les laisse mariner pendant deux heures ; quand ensuite elles sont bien égouttées, on les farine pour les faire frire dans une friture neuve, et on les sert entourées de persil frit.

Côtelettes en papillotes.

On coupe les côtelettes un peu minces ; on les applatit bien avec le couperet, on les met dans des carrés de papier blanc, avec sel, poivre, persil, ciboules, champignons, s'il y en a, échalottes, le tout haché très-fin, avec de l'huile ou du beurre, ou deux tranches minces de lard, selon le goût ; on tortille le papier autour de la côtelette, dont on laisse sortir le bout ; on beurre le papier en dehors ; on fait cuire à petit feu sur le gril, après avoir mis une feuille de papier beurrée dessous les côtelettes ; on les sert avec le papier qui les enveloppe. — Elle sont, ainsi préparées, très-succulentes.

Foie de Veau, à l'exquise.

On met un bon morceau de beurre avec un foie de veau, coupé en tranches de l'épaisseur d'un doigt, dans une casserole ; on le fait rissoler sur le feu, jusqu'à ce qu'il soit cuit, en le retournant des deux côtés dans sa casserole: on l'en ôte ensuite, on met dans la même casserole une pincée de farine qu'on mouille peu-à-peu avec un verre de vin rouge ; on y met quatre à cinq échalottes, persil, ciboules, le tout haché, avec sel et gros poivre ; on fait bouillir deux ou trois bouillons, et réduire au point d'une sauce liée ; on y met le foie, seulement pour le faire chauffer sans bouillir, et on sert bien chaud, avec une pincée de câpres et un anchois haché.

Fricassée de Veau.

Vous couperez votre viande par petits morceaux, et la laverez bien; étant bien égouttée, vous la passerez à la poêle ou dans une bassine, avec beurre roux ; étant bien fricassée, vous mettez bouillon, sel, poivre, laurier, oignons entiers et peu de thym, vous la ferez cuire à petit feu ; quand vous

(13)

serez prêt à servir, mettez jaune d'œufs
délayés avec verjus et persil menu,
remuez le tout ensemble, laissez lier
la sauce et servez.

Manière de préparer un Gigot de Mou-
ton, de façon qu'il ne diffère en rien
d'un Gigot de Chevreuil.

Prenez un beau gigot de mouton,
ôtez-en la graisse et les nerfs, comme
on fait au chevreuil, ensuite lardez-le
avec du gros lard, assaisonnez de sel,
fines épices, et mettez-le dans une terrine assez spacieuse, avec trois gousses
d'ail, quelques oignons, trois à quatre
clous de girofle, thym, laurier, basilic
et du gros poivre; on verse dessus autant de vinaigre qu'il en faut pour que
le gigot en soit presque couvert. Si votre
vinaigre est trop fort, vous le tempé-
rerez avec un peu d'eau. Couvrez votre
terrine et laissez mariner votre gigot
pendant deux ou trois jours, ayant soin
de le tourner chaque jour d'un autre
côté. On le met ensuite dans une lèche-

B

frite, dans laquelle vous l'arroserez de tous côtés avec du beurre fondu, un verre de sa marinade et deux verres de bon vin rouge, on le fait cuire au four, ou, si on aime mieux, on le mettra à la broche, en l'arrosant de la même manière. Vous vous convaincrez que ce gigot possède tout ce qu'un gibier a de plus délicat.

Gigot de mouton aux cornichons.

On frappe d'abord bien le gigot, pour le rendre plus tendre, on le met ensuite dans une casserole avec quelques oignons, fines herbes et épices au goût, du sel, et suffisamment d'eau. Couvrez la casserole et faites cuire votre gigot. Quand il sera assez tendre, vous enleverez la graisse qui surnage, et vous la mettrez avec du beurre dans une autre casserole, dans laquelle on fait prendre au gigot une belle couleur brune; étant à ce point, vous y verserez autant du premier bouillon dégraissé qu'il en faut pour la sauce, avec un peu de vinaigre, puis une partie de cornichons ou concombres fendus en quatre. Le tout ayant assez bouilli ensemble, on lie la sauce avec quelques jaunes d'œufs, et on sert bien chaud.

Gigot de mouton à l'oseille.

On prépare son gigot de la même façon que ci-dessus, mais au lieu de cornichons on prend quelques poignées d'oseille hachée, qu'on fait cuire avec une cuillerée de beurre dans une casserole bien couverte; étant assez cuite, on y ajoute quelques cuillerées de bonne crème; on la lie avec quelques jaunes d'œufs, une pincée de farine et du jus de mouton; après quoi on sert le gigot, la sauce d'oseille dessus, et on met à table.

Mouton à la daube.

Battez bien votre gigot de mouton, et ôtez la peau et le manche, lardez-le bien avec du lard assaisonné, ensuite vous le mettrez dans un pot ou

marmite étamée, avec bouillon, sel,
poivre, force laurier, thym, quelques
tranches de citron ou d'orange; quand
il sera à moitié cuit, vous y mettrez
une chopine de vin pour un gigot,
faites-le presque tarir; étant cuit de
cette sorte, vous le tirerez à sec, et le
laisserez refroidir (car on le sert ordinairement à froid.) Prenez garde que
votre lard soit dans l'intérieur, afin
que vos tranches soient bien marbrées.

Rouelles de Mouton.

Vous les accommoderez de même
que celles de veau; mais il faut les faire
cuire plus long-temps, et y mettre du
vin quand elles seront à moitié cuites.
Quelques pelures de citron vert y font
un bon effet, aussi bien qu'à la daube
ci-dessus.

Pigeons délicats.

On flambe et on vide cinq ou six
pigeons de moyenne grosseur; on laisse
leurs pattes dans leur longueur; on

larde toute la chair en travers de petits lardons de truffes, on les fait revenir dans la casserole, avec trois cuillerées d'huile excellente, un peu de truffes hachées, persil, ciboules, sel, gros poivre; on les met avec tout leur assaisonnement dans une casserole foncée de tranches de veau et de jambon; on les couvre de bandes de lard et d'une feuille de papier, on les fait suer sur la cendre chaude une demi-heure; on y met ensuite un demi-verre de bon vin blanc, avec autant du meilleur bouillon gras; on dégraisse et on achève de cuire; on ajoute un peu de coulis, on fait réduire au point d'une sauce, on la passe au tamis et on la sert sur les pigeons, après y avoir exprimé un bon jus de citron.

Pigeons en compote, à la bourgeoise.

On prend des petits pigeons, on les fait blanchir, on leur ôte le cou et les ailes, après les avoir épluchés, on les met dans une casserole, avec quel-

ques champignons, un bouquet de persil, ciboules, une gousse d'ail, deux
clous de girofle, du basilic, un morceau
de bon beurre; on les passe sur le feu;
on y met une bonne pincée de farine;
on mouille avec de bon bouillon et du
jus, si on en a; on y mêle ensuite un
verre de vin blanc, sel, poivre; on
laisse cuire et réduire à courte sauce;
quand on a bien dégraissé sa compote,
on la sert avec un bon filet de vinaigre
blanc, en observant qu'elle soit d'un
bon sel, et cuite à propos.

Pigeons en compote fine.

On a six petits pigeons, dont on met
à part le sang, dans lequel on met,
pendant qu'il est encore chaud, un peu
de jus de citron, qu'on mêle dedans;
on les échaude, on les vide, on leur
trousse les pattes dans le corps; on les
fait blanchir et on les met dans une casserole, avec un riz de veau blanchi, des
champignons, un morceau de beurre
frais, une bonne tranche de jambon,

un bouquet de persil, ciboules, une
petite gousse d'ail, thym, laurier, basilic, deux clous de girofle; on passe le
tout sur le feu, en poudrant de farine,
on mouille avec un verre de jus de veau
et autant de vin blanc; on assaisonne
de sel et de gros poivre; à la moitié de
la cuisson, on y met quelques petits
oignons presque cuits dans du bouillon.
En finissant, on délaye deux jaunes
d'œufs avec deux cuillerées de jus de
veau et deux cuillerées de coulis qu'on
mêle avec le sang des pigeons qu'on a
mis à part; on mêle cette liaison dans
le ragoût, qui doit être à courte sauce :
on fait lier sur le feu sans bouillir, et
on sert ces pigeons bien chauds.

Pigeons à la crapaudine.

On fend les pigeons par derrière, on
les applatit sans beaucoup casser les
os; on les frotte avec de l'huile, sel,
gros poivre, persil, ciboules, le tout
haché : on leur donne le plus possible
d'assaisonnement; on les pane avec de

la mie de pain ; on les met sur le gril
pour cuire à petit feu ; quand ils ont
pris une belle couleur dorée, on les
sert avec la sauce suivante : verjus ou
vinaigre, sel, poivre, échalotes hachées, le tout mêlé de bonne graisse
du pot, ou d'un peu de beurre.

Fricassée de Poulets.

On prend deux poulets communs,
bien charnus ; après les avoir bien nettoyés, à la manière accoutumée, on
les coupe en morceaux et on les met,
avec les têtes, ailes, foies, etc., dans
une casserole, avec un bon morceau
de beurre, bouquet de persil, ciboules,
une feuille de laurier, un peu de thym,
deux clous de girofle ; on passe le tout
sur un bon feu, jusqu'à ce que la sauce
soit presque tarie ; on mouille la fricassée avec un peu d'eau chaude, on
l'assaisonne de sel, poivre ; on fait cuire
et réduire à courte sauce. Lorsqu'on
est prêt à servir, on y met une liaison
de trois jaunes d'œufs, qu'on délaye

avec du lait, ou mieux avec de la crème;
on fait la liaison sur le feu, sans la faire
bouillir, parce que la sauce tournerait :
on y met, soit du jus de citron, soit un
filet de vinaigre blanc ou du verjus, et
on sert la fricassée.

Avec toutes les autres volailles, ainsi
qu'avec du veau, on peut faire la même
fricassée.

On peut aussi compliquer et amé-
liorer davantage cette fricassée, en y
ajoutant des truffes, des morilles, des
queues d'écrévisse, des câpres, des petits boulets faits avec du hachis, etc.,
selon le goût ou la dépense que l'on
veut y mettre.

Poularde galante.

On trousse une poularde en poule,
après l'avoir flambée, épluchée et vi-
dée ; on la coupe en deux et on la fait
mariner pendant une heure, avec deux
cuillerées de bonne huile et un morceau de beurre, sel, gros poivre, persil, ciboules, truffes, champignons,

échalotes, basilic, le tout haché très-fin. On enveloppe chaque morceau de poularde dans deux doubles de papier, avec tout son assaisonnement ; on la fait cuire à petit feu sous un couvercle de tourtière, entre deux cendres chaudes : on ramasse ensuite toutes les fines herbes qui tiennent après le papier, la poularde et le jus qu'elle a rendu, on les met dans une casserole, avec un peu de bon bouillon, et deux cuillerées de coulis : on fait bouillir deux bouillons ; on dégraisse et on sert la poularde, en exprimant dessus un bon jus de citron.

Cuisses de dindon réveillantes.

On met deux cuisses de dindon cuites à la broche, dans une casserole, avec un bon verre de vin de Champagne ou autre vin blanc, un verre de bon bouillon, sel, gros poivre, un bouquet de persil, ciboules, une demi-gousse d'ail, deux clous de girofle : on les fait cuire une heure et réduire toute la sauce ; ensuite de quoi on les met sur le plat qu'on doit servir, pour les manger avec le ragoût suivant :

On met dans une casserole un riz de veau blanchi, coupé en dés, persil, ciboules hachés, avec un morceau de bon beurre ; on passe sur le feu, on poudre de farine, et on mouille avec un verre de bouillon, un peu de coulis et un demi-verre de vin blanc ; on fait bouillir à petit feu pendant une heure ; on dégraisse et on y met des anchois et des câpres hachés, une poignée d'olives, qu'on a retournées pour en ôter le noyau ; on fait chauffer, sans bouillir, et on sert.

Si le ragoût n'est pas assez relevé, on y ajoute un peu de sel et de gros poivre.

Rôties au jambon.

On coupe autant de tranches de jambon très-minces, que l'on veut faire de rôties (en observant, si le jambon est ancien, de le faire dessaler auparavant un peu dans l'eau,) on les met suer dans une casserole, jusqu'à ce qu'elles commencent à s'attacher, et alors on les en retire : on a ensuite autant de tartines de pain qu'on a de tranches de jambon, on les fait frire dans le gras du jambon : on les dresse ensuite sur le plat avec les tranches de jambon dessus, on les tient bien chaudes : on met, dans la même casserole, deux cuillerées de bon bouillon, un peu de coulis, un filet de vinaigre et du gros poivre; on fait bouillir à deux bouillons ; on détache ce qui tient à la casserole ; on verse sur les rôties, et on les sert chaudes.

Pain de jambon, très-friand.

On coupe des tranches de jambon cuit; quand à la graisse et aux rognures de jambon, on les hache avec des fines herbes, et on en fait une farce. On met de la mie de pain blanc dans une

sébile de bois, on fait une couche de
pâte, une couche de jambon et une
couche de farce, et en continuant
ainsi, on finira comme on a commencé,
par la mie de pain, sans laisser paraître
le jambon. Quand le four est chaud,
on renverse la sébile sur une platine de
fer blanc ; on fait cuire une heure ou
deux, selon la grosseur, et on sert froid.
Ce pain de jambon remplace très-bien
les pâtes de jambon.

Andouilles fines.

On fait blanchir des fraises de veau
ou d'agneau ; on les coupe en filets,
avec de la pane de porc frais, qu'on
mêle avec des filets de truffes cuites
au vin de Champagne ; on assaisonne
avec un peu d'anis pilé, du sel fin et
fines épices : on met tout cela dans des
boyaux bien propres, et on les fait
cuire dans du lait et du bouillon bien
gras, avec un bouquet de persil, ciboules, ail, thym, laurier, basilic,

tranches d'oignons, sel et poivre. On
les laisse refroidir dans la cuisson, et
on sert rôti sur le gril, avec un bon
jus de citron et de la fine moutarde à
l'estragon.

Saucisses truffées.

On hache très-fin de la rouelle de
veau et de la chair de porc frais, selon
le nombre de saucisses qu'on veut faire;
on coupe en dés autant de moëlle de
bœuf; on hache de même quatre ou
cinq truffes cuites dans du vin; on mêle
le tout ensemble et on l'assaisonne de
sel et d'épices fines : on forme ces saucisses sur des morceaux de crépines,
ou dans des boyaux; on fait griller à
un feu doux, et on sert avec un jus
de citron.

POISSONS.

Anguilles de gourmand.

On met cuire des tronçons d'une belle anguille entre des tranches de veau et de jambon amincies, avec un bouquet de persil, ciboule, une gousse d'ail, deux clous de girofle, thym, laurier, basilic, fort peu de sel, gros poivre, dans une chopine de bon vin blanc; la cuisson faite, on retire l'anguille; et on met dans la casserole quelques cuillerées de bon coulis, pour faire bouillir quelques bouillons, qui doivent la réduire au point d'une sauce: on la dégraisse et on la passe au tamis; on a ensuite une demi-livre de petit lard fin, qu'on coupe en petites tranches minces et qu'on met suer, jusqu'à parfaite cuisson, dans une casserole; on les met ensuite avec l'anguille dans la sauce; on fait chauffer, sans bouillir, et on y exprime un jus de citron, en servant chaud.

Anguilles rôties.

Vous couperez vos anguilles par tronçons et les mettrez dans une terrine, avec sel et poivre, pour leur ôter le mauvais goût, et les laisserez une heure, ensuite vous les ferez rôtir à petit feu; faites-les bien cuire, faites une sauce relevée avec vinaigre, sel, poivre, qu'elle soit bien liée, et servez.

Anguilles fricassées.

Vous couperez vos anguilles par rouelles, et après les avoir laissées pendant une heure dans une terrine, avec du sel, vous les laverez, essuyerez et les passerez à la poêle avec beurre demi-roux, et quand elles sont bien fricassées, vous y mettrez sel, poivre, ciboule entière, girofle, vin, un peu de bouillon, et les ferez mitonner dans une casserole; quand vous serez prêt à servir, vous y mettrez une demi-tasse

(29)

de câpres, faites donner un bouillon
ou deux, ensuite liez la sauce avec
jaune d'œuf et verjus, ou à défaut de
verjus, un peu de crême; mêlez le tout
ensemble et servez à courte sauce.

Brochet au court-bouillon.

Écaillez, videz et lavez bien votre
brochet, mettez-le dans un chaudron,
avec de l'eau, ou du vin si vous voulez,
sel, laurier, oignons, gros poivre et
un peu de thym si vous l'aimez; faites
cuire à grand feu, et faites presque
tarir; levez ensuite votre poisson et
servez-le à sec avec son court-bouillon:
mais je crois que c'est le mieux de faire
une sauce avec beurre, poivre, vinaigre et un peu de son court-bouillon;
vous pouvez y mettre des câpres, pour
relever le goût.

Barbeaux au court-bouillon.

Vous les viderez comme les brochets,
et les ferez cuire de même; étant cuits
vous les écaillerez et leur ferez une

sauce, comme il est indiqué ci-dessus.
En les servant, il est d'usage de râper
des chapelures de pain par-dessus.

Brochets frits.

Écaillez vos brochets et les fendez
par le dos, videz-les, mettez en place
des entrailles, un bouquet de persil
dans chaque poisson, et poudrez sel et
poivre par-dessus. Quand votre friture
sera bien chaude, vous farinerez vos
brochets et les ferez frire ; servez-les
sortant de la poêle avec verjus ou jus
de citron, on peut les garnir de quelques tranches de citron ; l'orange y est
aussi très-bonne.

On ne frit ordinairement que les
petits brochets, les gros sont mieux au
court-bouillon. On peut aussi les préparer d'une des deux manières suivan-
tes, ils seront alors très-délicats.

Brochet au plat (morceau délicieux.)

Nettoyez et lavez bien un brochet
de moyenne grosseur, coupez-le en

morceaux convenables, ensuite posez un plat d'étain sur un réchaud rempli de feu de charbon, mettez-y deux cuillerées de bon beurre; quand il est fondu, mettez-y des échalotes, deux à trois anchois, quelques fines herbes, le tout haché très-fin, deux feuilles de laurier, clous de girofle, gros poivre. Cela fait, on arrange les morceaux de brochet dessus, on y sème du sel, on fait cuire dans ce plat, bien couvert, pendant un quart-d'heure, puis on retourne les morceaux; on y ajoute encore un morceau de beurre, un verre de vin blanc et quelques tranches de citron; on recouvre le plat et on achève la cuisson pendant un quart-d'heure, après quoi on y ajoute quelques cuillerées de câpres fines, autant d'eau chaude, un peu de mie de pain blanc, râpée bien fine; faites prendre encore deux bouillons, et servez dans ce même plat.

Brochet gourmand.

Mettez dans une casserole l'herbe

et la racine du persil, une pincée de poivre entier, autant de girofle, échalotes, petits oignons, quelques feuilles de laurier et du sel; arrangez vos morceaux de brochet dessus; semez du sel, et versez-y autant d'eau bouillante que le poisson en soit presque couvert; puis faites bouillir sur un feu très-vif, ayant soin de bien écumer: un quart-d'heure après, on y ajoute du beurre et quelques tranches de citron, on fait bouillir encore un quart-d'heure; ensuite on fait une liaison de jaunes d'œufs, de farine, et un verre de vin blanc: on lie la sauce du poisson, et après quelques bouillons encore, on sert.

Carpes au court-bouillon.

Vous leur ôterez le fiel et couperez par tronçons, sans écailler; rangez-les ensuite dans votre chaudron avec laurier, oignons, quelques grains de poivre, deux clous de girofle, sel, une croûte de pain bis, une ou deux tranches de citron et un peu de thym, si vous voulez ; versez ensuite du vin dessus, et n'oubliez pas d'y mettre un bon morceau de beurre frais ; faites cuire à grand feu et les laissez presque tarir. Quand votre poisson sera bien tendre et la sauce presque tarie, vous laverez vos tronçons et les rangerez proprement dans un plat, avec leur court-bouillon dessus.

On peut aussi les servir à sec et y mettre une sauce faite avec vinaigre, beurre, poivre, un peu de leur court-bouillon, auquel on peut ajouter quelques câpres.

Carpes frites.

Écaillez vos carpes et fendez-les par le dos, saupoudrez-les avec sel et poivre en dedans et en dehors ; quand votre friture sera bien chaude, vous farinerez vos carpes et les ferez frire ; en sortant de la poêle servez-les de suite, après avoir exprimé un jus de citron, ou d'orange dessus ; à défaut de ces fruits, on peut y mettre un filet de verjus ou du vinaigre.

Étuvée de carpes.

Vous écaillerez vos carpes, ôterez le fiel et les ouïes, prenez garde de ne point arracher la langue ; ensuite vous couperez vos pitances et arrangez-les dans votre casserole avec beurre, sel, poivre en grains, girofle, laurier, écorce de citron vert, vin rouge et petites croûtes de pain, quelques-uns y mettent aussi des pruneaux. Faites cuire sur la braise, et réduire à courte sauce. Quand votre poisson sera bien cuit, vous arrangerez avec précaution les morceaux sur le plat, et servirez avec la sauce dessus.

Carpes désossées.

Assommez vos carpes, écaillez-les, et les fendez par le dos, depuis la tête jusqu'à la queue, rien que la peau, sans la percer, et que la tête et la queue tiennent ensemble par la grande arrête. Ôtez avec précaution toute la chair,

que vous hacherez bien menue avec
beurre frais, sel, poivre, girofle battu,
persil haché et un œuf frais, le tout
étant bien mêlé et assaisonné, vous
remplirez vos carpes et les coudrez;
étant cousues, vous les passerez dans
la poêle avec beurre roux; étant bien
rousses des deux côtés, vous les mettrez
dans votre bassine avec peu de vin,
sel, poivre, laurier, oignons entiers,
thym, et un quart-d'heure avant que
de servir, vous y mettrez un peu de
farine, avec persil menu pour lier la
sauce; si vos carpes sont laitées, vous
mettrez cuire vos laitances dans la
même bassine; n'oubliez pas d'y mettre
le beurre où elles sont frites, servez-les
promptement.

Tanches fricassées.

Vous mettrez vos tanches dans l'eau
bouillante pour les nettoyer, et les viderez; quand elles seront bien nettes,
vous les couperez par rouelles bien
proprement et les passerez à la poêle

avec beurre à demi-roux ; quand elles seront bien fricassées, vous y mettrez sel, poivre, ciboule entière, girofle, vin, un peu de bouillon, avec feuille de laurier; vous les ferez mitonner dans une bassine ; quand vous serez prêt à servir, vous verserez jaune d'œuf délayé avec verjus, et remuerez le tout ensemble; saupoudrez avec persil menu par-dessus en servant.

Saumon frais rôti.

Coupez votre saumon par rouelles, et frottez-les avec du beurre frais fondu, mettez chaque rouelle sur un morceau de papier également enduit de beurre, et faites-les rôtir sur le gril. Quand vos rouelles seront bien cuites, vous y ferez une sauce avec beurre, vinaigre, vin, câpres, sel, poivre et des pelures de pain par-dessus vos plats en servant.

Saumon frais au court-bouillon.

Vous couperez votre saumon par rouelles, et les arrangerez dans votre

(37)

casserole, avec laurier à force, comme
il en faut pour en couvrir le fond de
votre casserole; arrangez vos rouelles
par-dessus, et entre deux rouelles il
en faut encore mettre; car le saumon
s'attache plus que tout autre poisson;
vous ferez votre court-bouillon comme
celui du brochet, et le servirez avec
son court-bouillon, ou bien à la poi-
vrade; il est très-bon. Pour l'avoir
encore plus délicat, on le sert avec la
sauce suivante:

Sauce hollandaise.

Faites bouillir ensemble une demi-
bouteille de vin blanc, trois ou quatre
tranches de citron, une cuillerée de
beurre frais et un morceau de sucre;
quand cela aura bien bouilli pendant
quelques instans, vous mettrez dans
une écuelle une demi-cuillerée de
beurre frais, un peu de farine et deux
œufs; mêlez bien ensemble, et quelques momens avant de servir, vous
délayerez votre sauce avec

D

Jambon de carême.

On prend un beau saumon frais de moyenne grandeur et d'une belle couleur rouge ; on le nettoie bien, on en tire la peau proprement sans la découper ; on détache la chair, sans briser l'arrête qu'on doit conserver dans toute sa longueur, en ôtant seulement la tête et la queue.

On hache cette chair de saumon avec quelques échalotes, fines herbes et épices, un peu de sel et un peu de poivre : on ajoute à cette farce un ou deux œufs entiers, et trois à quatre blancs, pour en faire une pâte maniable. Ensuite on prend la grosse arrête du saumon, on l'entoure de cette pâte, de manière qu'elle ait la forme d'un jambon. Pendant ce temps-là on a fait un autre hachis avec des poissons blancs, comme anguilles, brochets, etc. On tâche d'avoir ces poissons bien gras, on mêle ce hachis avec du beurre frais, trois à quatre blancs d'œufs, un peu de sel, et fort peu d'épices; on met de cette pâte blanche autour de la précédente, gros comme un bon pouce, pour imiter le gras du jambon. Votre jambon étant ainsi formé, on le pose avec précaution dans une tourtière assez grande et bien beurrée, le côté blanc en haut; on l'arrose de beaucoup de beurre fondu, et on le fait cuire feu dessus et dessous. Cela étant fait, on couvre proprement ce jambon avec la peau du saumon, on l'appuie par-tout avec la main, pour qu'elle s'attache par-tout, comme une coenne, dont on lui donne la couleur avec une pelle rouge qu'on promène lentement et fort proche dessus la peau.

Cela étant fait, on le met dans un endroit frais, et on le sert froid, avec une sauce à la fine moutarde, ou avec de l'huile et du vinaigre. — On peut aussi le servir chaud : cela dépend du goût; mais alors on ne peut pas le couper aussi proprement en tranches.

ŒUFS, CRÈMES,

LAITAGES ET LÉGUMES.

Œufs au pain à la romaine.

METTEZ tremper de la mie de pain blanc dans du lait, pendant deux ou trois heures, passez ensuite le tout par une passoire très-fine; ajoutez-y un peu de sucre et du citron confit haché, un peu d'eau de fleurs d'orange; cassez le jaune de huit à dix œufs; le tout étant bien mêlé avec la mie de pain, on fouette les blancs d'œufs en neige; après avoir bien mêlé le tout ensemble, on met cette pâte dans une casserole bien beurrée, on fait cuire feu dessus et dessous. Étant cuit, on renverse sur un plat et on sert.

On peut aussi mettre du fromage râpé dans la pâte, avant de la mettre au feu.

Œufs au lait.

Pour chaque personne vous mettrez un œuf et demi que vous battrez bien; étant battus, pour douze personnes il faut trois chopines ou un litre et demi de lait, ajoutez-y deux onces de macarons concassés, ou, si vous aimez mieux, deux onces d'amandes épluchées et pelées; mais les macarons valent mieux; fouettez le tout ensemble; faites roussir du beurre dans une poêle et le versez dans votre plat, versez vos œufs dedans, mettez ce plat dans une tourtière, et faites-y bon feu dessus et peu par-dessous; quand ils commencent à prendre, il faut ôter le feu de dessous; vous prendrez garde qu'ils ne soient trop cuits; vous pouvez y mettre du sucre : n'oubliez pas d'y mettre un grain de sel.

En servant ce plat, on le saupoudre ordinairement avec du sucre et de la canelle.

(42)

Œufs brouillés de Provence.

On hache trois ou quatre anchois bien lavés, on les met dans une casserole, avec une cuillerée de coulis, dix jaunes d'œufs, les blancs de six, du gros poivre, peu ou point de sel, et on les brouille sur le feu : on ne les fait cuire qu'aux trois quarts; on les dresse sur le plat, et on les saupoudre de fromage de Parmesan ou de gruyère râpé, sur lequel on promène la pelle rouge, pour les glacer, et on sert chaud.

Omelette italienne.

On casse douze œufs, dans lesquels on met du fromage de Parmesan ou de gruyère râpé, du gros poivre, point de sel; on en fait quatre omelettes : à mesure qu'elles sont cuites, on les étend sur un couvercle, on y met du fromage de Parmesan râpé, on les roule et on les dresse sur le plat; on mouille tout le dessus avec du beurre, on saupoudre avec du fromage; on met ensuite ses omelettes au four , pour les glacer , et on sert.

Omelette à la célestine.

Vous casserez vos œufs dans une bassine , et les battrez avec du beurre fondu, un peu de sel, mie de pain, un peu de vin blanc, vous enduirez votre tourtière de beurre, saupoudrez de mie de pain par-dessus, puis après versez-y vos œufs et faites bon feu par-dessus et un peu par-dessous. Observez de la faire bien cuire, le tout dépend de la cuisson. Servez votre omelette bien chaude : vous la pourrez saupoudrer de sucre.

Omelette rouge.

On met dans une casserole un verre de sang de volaille, soit de poulets, poulardes ou d'agneau, avec douze œufs, un demi-verre de crème, du basilic en poudre, une petite pincée de coriandre pilée, sel et gros poivre ; on y ajoute gros comme un œuf de bon beurre, par petits morceaux; on fouette le tout ensemble, on finit son omelette comme à l'ordinaire, et on la sert bien chaude.

Il y en a qui y ajoutent de petits filets de jambon, coupés en petits dés; ce qui la rend encore plus succulente.

Omelette royale.

On délaye, avec deux œufs, deux cuillerées de farine de riz; on y met un demi-quarteron de sucre et un peu de sel, une chopine de crême et un morceau de beurre; on fait cuire et bien lier comme une frangipane; étant presque froide, on y met un citron confit, des macarons, des fleurs d'orange prâlinées, le tout haché fin, avec dix jaunes d'œufs, dont on fouette bien les blancs; on garnit le dedans d'une casserole avec du papier blanc bien beurré; on y met toute la composition, et on fait cuire au four. La cuisson faite, on renverse sa casserole sur le plat,

on ôte le papier et on sert bien glacé
de sucre.

Pouding à l'anglaise.

Faites chauffer deux pintes de lait
frais ; versez-le sur deux livres de mie
de pain blanc rassis, et laissez-la bien
amollir pendant quelques heures ; on
ajoute ensuite quinze ou vingt jaunes
d'œufs et le blanc de dix, une demi-
livre de gros raisins, un quarteron de
raisins de Corinthe, bien lavés, demi-
livre de moëlle de bœuf, ou, à son
défaut, de la graisse de rognons bien
hachée, demi-chopine de bon lait, une
once d'amandes douces et amères pilées, et un peu d'eau de fleurs d'orange.
Tout cela étant bien mêlé ensemble,
on prend une serviette propre et serrée, on la saupoudre de farine, pour
empêcher que le liquide ne coule à
travers, on y met toute sa composition.
Ensuite on ferme le linge environ deux
pouces au-dessus de la pâte, avec une
ficelle, et on met ce paquet dans une

marmite d'eau bouillante, dans laquelle on la fait cuire pendant deux heures, ayant soin de jeter une poignée de sel dans cette eau, et de soulever de temps en temps le paquet, pour qu'il ne s'attache pas au fond de la marmite. Lorsque les deux heures sont écoulées, et qu'on le juge suffisamment cuit, on le retire hors de l'eau, on le laisse égoutter, puis on ouvre la serviette, on met le pouding sur un plat, et on sert chaud. On y joint une sauce, soit à la crème, soit au vin, soit au citron, ou bien, sur-tout en été, une bonne sauce faite avec de la gelée de groseilles ou de cerises.

Pouding français.

On met dans une casserole une demi-livre de fine farine, quatre œufs, un quarteron de sucre et une chopine de la meilleure crème, on fait cuire sur le feu, en remuant toujours, jusqu'à ce que ce soit devenu une pâte bien liée. On doit bien prendre garde qu'il ne s'attache rien au fond de la casserole, ce qui lui donnerait le goût de brûlure. Ensuite on l'ôte du feu, on y ajoute une once de fleurs d'orange pralinées, une once de citron confit, une livre d'excellente moëlle de bœuf, le tout haché, une poignée de beaux raisins de Smyrne, un peu moins de raisins de Corinthe, et douze belles figues coupées en petits dés, six jaunes d'œufs, et les six blancs fouettés en neige ; on mêle bien le tout ensemble ; on met cette composition dans une casserole bien beurrée ; on fait cuire une heure dans un four qui ne soit pas trop chaud ; après quoi on verse la casserole tout de suite sur un plat, et on sert chaud avec une sauce convenable.

Gâteau au riz, chaud.

On fait une bonne et très-épaisse bouillie avec une demi-livre de riz et une pinte de bon lait ; on la laisse tout à fait refroidir. Ensuite on met dans un plat profond une demi-livre de bon beurre, que l'on bat bien, jusqu'à ce qu'il soit réduit en crême; on y ajoute pour lors sept jaunes d'œufs, la bouillie de riz, trois onces de sucre en poudre, une demi-once d'amandes amères épluchées et pilées, et une pincée de sel; on mêle bien le tout ensemble; on y ajoute ensuite les sept blancs d'œufs fouettés en neige. La composition ainsi finie, on la verse dans une profonde casserole sans manche, bien beurrée, et on cuit sous une tourtière, feu dessus et dessous, ou dans un four. Ayant une belle couleur brune, on le sert tout chaud dans la même casserole: on a coutume de le saupoudrer auparavant avec du sucre et de la canelle, ou on l'accompagne d'une bonne sauce à la crême, qui se fait de la manière suivante:

On fait bouillir, avec une chopine d'excellente crême, une once de sucre et une once de macarons amers en poudre. Après quelques bouillons, on lie avec deux jaunes d'œufs, et on sert dans une saucière.

Crême vierge.

Il faut prendre cinq blancs d'œufs frais, les bien fouetter en neige ; on y ajoute alors les cinq jaunes, une chopine de crême ou du bon lait, un peu d'eau de fleurs d'orange, du sucre en poudre, une once de macarons et un morceau de canelle ; fouettez bien le tout dans une casserole sur le feu, mais aussitôt qu'il commence à bouillir, on le verse dans des plats ou dans des tasses, que l'on mettra ensuite sur la cendre chaude, pour achever de s'épaissir et se lier. Avant de servir, vous dorez votre crême avec une pelle rouge.

Crême superfine.

On fait bouillir trois demi-chopines de crême bien sucrée, avec du citron vert, de la coriandre et de la canelle ; lorsqu'elle est diminuée d'un quart et à moitié refroidie, on y délaye sept jaunes d'œufs, et on la passe au tamis ; cela fait, on y met une bonne tablette de chocolat, des macarons, des citrons confits et des fleurs d'orange pralinées, le tout haché; on la fait cuire au bain-marie, et on la sert tiède.

Crème à l'anis de Verdun.

Mettez dans une casserole une chopine et demie de crème, un bon morceau de sucre, du citron vert, de la coriandre et de l'eau de fleurs d'orange; délayez avec sept jaunes d'œufs, passez au tamis, mettez-la cuire au bain-marie; quand elle est cuite et refroidie à moitié, saupoudrez dessus une once d'anis sucrés de Verdun, recouvrez le plat pour faire pénétrer le goût de l'anis.

Crème fine quarrée.

On prend le plat qu'on doit servir, on fait au milieu une croix qui vienne jusqu'aux bords, avec une pâte faite avec de la farine, un jaune d'œuf et la moitié du blanc; on roule cette pâte dans les mains pour l'alonger de la grosseur d'une petite saucisse ronde;

on frotte le fond du plat avec du jaune d'œuf, on met la pâte dessus, on la pince pour l'amincir et la faire monter à la hauteur des bords du plat, et on la fait cuire au four.

On fait bouillir ensuite une pinte de crême avec une bonne quantité de sucre, on la fait réduire à un tiers ; on prend un quart de cette crême qu'on délaye avec deux jaunes d'œufs, dans lesquels on mêle une tablette de chocolat râpé, puis on la met dans un coin du plat.

On en prend un autre quart qu'on délaye avec du sucre en caramel et deux jaunes d'œufs passés au tamis, qu'on met dans un autre coin.

On prend ensuite le reste de la crême dans laquelle on met quatre jaunes d'œufs ; on met ce reste de crême dans les deux autres quarrés.

On fait cuire le tout au bain-marie. On sème, en servant, de la nompareille rouge, bleue ou verte, sur un des quarrés blancs, ce qui forme un quarré de différentes couleurs, et on sert.

Hachis de pommes de terre, à la bourgeoise.

Lorsque les pommes de terre sont cuites et pelées, on les écrase bien ; on les mêle avec un hachis de viande, moitié l'un, moitié l'autre, avec un peu de beurre, sel, poivre, persil, ciboule, échalotes hachées, un ou deux œufs ; on mêle bien le tout ensemble ; on en fait des boulettes qu'on trempe d'un peu de blanc d'œuf qu'on a réservé ; quand on les a un peu farinées, on les fait frire, et on les sert garnies de persil ou avec une sauce.

Salade de pommes de terre.

Étant cuites et pelées, on les coupe en tranches, on les assaisonne avec de l'huile, du vinaigre, du sel, poivre et des fines herbes ; à la place de l'huile on peut mettre de la crême : on y mêle, si l'on veut, des cornichons coupés par tranches, des betteraves, des anchois, des câpres et de petits oignons cuits sous la cendre ; cela dépend du goût ou de la dépense qu'on veut faire pour cette salade.

Salade de pommes de terre, à la provençale.

On les choisit de moyenne grosseur, on les pelle crues, on les met dans du bouillon gras ou maigre, avec deux cuillerées d'huile, du sel, du poivre, un oignon, des racines, persil, ciboules ; on les fait cuire jusqu'à ce que la sauce soit tout-à-fait réduite ; alors on les fait frire dans l'huile un instant ; et quand elles sont bien grillées, on les sert à l'huile, au vinaigre, avec poivre et sel. Elles sont très-succulentes.

Artichauts frits.

On coupe les artichauts par morceaux, on en ôte le foin, on les lave, on les égoutte, et quand on est prêt à les faire frire, on les trempe dans une pâte faite avec une cuillerée de farine, deux œufs, un peu de crème, un filet

de vinaigre et un peu de sel ; on bat
tout cela bien ensemble, on y trempe
ses artichauts et on les fait frire dans
du beurre roux, jusqu'à ce qu'ils aient
une belle couleur brune, alors on les
sert avec du persil frit dessus.

PATÉS, TOURTES

ET PATISSERIES.

Manière de bien arranger les Pâtés.

LES pâtés les plus usités en cuisine
sont ceux de veau, de dindon, de per-
drix, de bécasse, de caneton et de
poularde. Quant à ceux aux poissons,
etc. nous en parlerons ailleurs. On les
fait et assaisonne presque tous de la
même manière : dans tous ces pâtés,
on peut employer la rouelle de veau
pour les garnir. Pour les volailles et
gibier de plume, on les vide, on leur
trousse les pattes en dedans, on leur
casse un peu les os avec le dos du cou-

parêt, on les fait revenir sur la braise,
et quand on les a essuyés, épluchés et
lardés partout avec du gros lard manié
dans du sel fin, les fines épices mêlées,
le persil et la ciboule hachés, on les
couvre, ainsi que le veau, qu'on larde
de la même façon, de bonnes bardes
de lard, dont on coupe suffisamment
pour en bien garnir toute sa viande.
Puis, selon le volume qu'on veut donner à son pâté, on prend la moitié de
la pâte qu'on a destinée pour le faire,
laquelle on arrondit avec les mains, en
la roulant sur la table, ce qui s'appelle
mouler sa pâte; on la bat ensuite avec
le rouleau, jusqu'à ce qu'elle soit de
l'épaisseur d'un demi-doigt; on met
cette pâte sur une feuille de papier
beurré, on étend dessus sa viande,
bien serrée l'une contre l'autre; on
l'assaisonne de sel fin et de fines épices,
on la couvre de bardes de lard et de
beaucoup de beurre par-dessus; on
met ensuite une abaisse de pâte moins
épaisse que celle de dessous la viande,

on mouille avec le doroir les deux en-
droits de la pâte qui doivent se toucher,
et afin qu'ils se collent ensemble, on
appuie par-tout les doigts pour les
unir. On prend ensuite le doroir, qu'on
trempe dans l'eau, pour mouiller tout
le dessus du pâté, on l'unit proprement,
sans appuyer trop fort, de crainte de
ne laisser aucun jour à la pâte. Quand
le pâté est bien dressé, bien façonné
de la manière qu'on vient d'indiquer,
on fait un trou au milieu du dessus du
pâté, de la largeur du pouce, dans
lequel on met une carte, pour qu'en
cuisant, le trou ne se referme pas; on
dore ensuite son pâté par-tout avec un
œuf battu, le blanc et le jaune ensemble; on y trace, si l'on veut, quelques
dessins de fantaisie pour l'enjoliver, ce
que l'on fait avec la même pâte décou-
pée avec un couteau, et on le redore
une seconde fois; un moment avant de
le mettre au four, on mettra par le
trou du pâté, qu'on nomme sa cheminée, deux cuillerées d'eau-de-vie,

ce qui lui donnera bon goût; vous faites cuire au moins trois à quatre heures, c'est à la grosseur du pâté à vous guider là-dessus pour le temps nécessaire à sa cuisson. Lorsque votre pâté est cuit, vous le mettez dans un endroit frais pour le faire refroidir, et vous bouchez sa cheminée avec un morceau de pâte crue, jusqu'à ce que vous le serviez à table. Mais, si c'est un pâté que vous vouliez servir chaud, on coupe avec un couteau un cercle dans le dessus du pâté, on y verse la sauce, qui est ordinairement celle du ragoût passée au tamis; on remet le morceau à sa place, et on sert de suite.

Voici maintenant la meilleure manière d'en faire la pâte : on met sur une table, suivant qu'on a besoin de plus ou moins de pâte, une certaine quantité de fleur de farine. On fait un trou au milieu, on y met une demi-once de sel et une demi-livre de beurre pour chaque livre de farine ; on mouille sa farine avec de l'eau chaude ; on pétrit promptement, jusqu'à ce qu'elle soit bien liée : on laisse reposer cette pâte pendant trois heures, avant de s'en servir.

Pâté fin aux truffes.

On fait un bon hachis avec des foies ou autres volailles, beaucoup de truffes hachées, lard pilé et fines herbes ; on n'assaisonne pas de trop haut goût ; on fonce son pâté d'un tiers de cette farce, on met le reste dans le corps des volailles ; ou, si on veut faire un pâté de dindon, on emploie le deuxième tiers pour remplir le vide entre les morceaux de dinde désossé. L'une et l'autre de ces volailles étant auparavant bien lardées, assaisonnées de fines épices, cuites à propos et refroidies, on les arrange sur la pâte, on met entre elles beaucoup de truffes entières et on assaisonne de même ; on nourrit son pâté avec du lard râpé et du beurre ; on le couvre ensuite de bardes de lard ; on le finit comme il est dit ci-dessus, et

on le fait cuire l'espace de quatre
heures, soit au four, soit sous une
tourtière bien entretenue.

Pâtés de godiveau.

Vous prendrez rouelles de veau,
autant de graisse de bœuf que vous
hacherez ensemble bien menu ; étant
hachées, vous assaisonnerez de sel,
fines épices et persil menu ; mêlez le
tout ensemble, et dressez vos pâtés
en ovale ; remplissez à moitié ; dans
le milieu, vous pouvez mettre pointes
d'asperges, culs d'artichauts (les asperges et les artichauts doivent être
cuits et assaisonnés auparavant,) champignons, ris de veau, enfin ce que l'on
a, et l'achevez de remplir ; étant ac-
commodé de cette sorte, vous mettrez
lard et persil hachés bien menu, par-
dessus, couvrez de pâte fine, après
avoir mis une petite andouillette au
milieu, et quand vous serez prêt à
servir, ouvrez votre pâté, mettez-y
une sauce faite avec bouillon, verjus

et beurre, délayée avec du jaune d'œuf, vous servirez bien chaud.

Pâté d'anguilles.

On tire la peau d'une belle anguille, on l'ouvre, on en ôte l'arrête et on laisse son anguille pendant quelques heures suspendue en l'air, ensuite on la coupe par tronçons et on l'assaisonne bien.

Cela étant fait, vous hacherez chair de carpes bien menue, que vous assaisonnerez de poivre, sel, beurre, fines épices et persil bien délié, puis dressez vos pâtés et les emplissez à moitié de votre hachis, rangez proprement vos tronçons d'anguille dessus; mettez bouts d'asperges, culs d'artichauts ou ce que vous avez, et achevez d'emplir le pâté de votre hachis; mettez beaucoup de beurre dessus et le couvrez. Vous pouvez mettre un petit chapeau dessus, pour l'air. On se sert pour ce pâté de pâte fine; ne le faites pas trop cuire, et servez-le chaud avec une sauce convenable.

Pâté aux brochets.

On prépare et fait cuire un brochet de la manière que nous avons indiquée page 31.

De plus on fait un bon hachis de poisson. Lorsque votre brochet sera tout-à-fait refroidi et égoutté, on le met avec beaucoup de beurre, fines herbes et hachis, dans le pâté, qu'on finit de la manière indiquée. Il se sert chaud; ainsi il faut réserver la sauce dans laquelle le poisson a bouilli, lorsque le pâté est cuit, on la réchauffe pour la verser dedans, ou bien on la sert à part dans une saucière.

Pâté de truites.

On observe toujours que les truites saumonées sont les meilleures. On lave et on nettoie une grosse truite; on en coupe la tête, on en larde toute la chair avec des filets d'anchois et des filets de truffes ; on assaisonne de fines épices et de sel ; on met dans le corps de la truite beaucoup de bon beurre manié avec des truffes hachées, et toutes sortes de fines herbes assaisonnées ; on arrange la truite sur le pâté ; on la couvre de beurre. On finit le pâté, et on le fait cuire au four pendant deux heures.

Pâté de saumon frais.

On arrange son saumon de la même manière que nous venons d'indiquer pour la truite, excepté qu'il n'est pas d'usage d'y mettre des truffes, et que, comme le saumon frais consomme beaucoup de beurre, il ne faut pas épargner ce dernier. Au reste, la pâte est la même, et on la cuit deux heures. Si on le sert chaud, il faut y joindre une sauce ; mais froid, il se mange sans sauce.

Pâté aux huîtres.

On écaille ses huîtres, on les blanchit

dans leur eau, comme pour un ragoût, on en hache une partie, on les mêle avec les autres, on y ajoute fines herbes, échalotes, persil, poivre et un bon morceau de beurre. On pétrit bien tout cela ensemble, et on met cette espèce de pâté en un seul et haut monceau, au milieu d'un abatis de pâte dont nous avons indiqué la composition page 54, et on finit son pâté de même. Il ne lui faut guères qu'une heure pour cuire. Avant de servir, on ouvre le dessus et on y verse une sauce au vin de Champagne ou à la crême.

On fait également un pâté aux moules, avec cette différence, qu'on fait ouvrir ses moules sur le feu, et qu'on les épluche avec soin, de peur des crabes qui peuvent s'y trouver. Le reste se finit comme un pâté d'huîtres.

Manière de faire une excellente pâte feuilletée, pour petits pâtés, tourtes, etc.

On prend, selon qu'on veut plus ou

moins de pâte, par exemple, une à
deux livres de beurre, plus ou moins,
que l'on lave la veille dans l'eau froide;
on en fait de petits morceaux larges et
très-minces, qu'on laisse pendant la
nuit dans l'eau fraîche. Le lendemain,
quand on veut faire sa pâte, on prend
sur chaque livre de beurre, une livre
et demie de belle farine; on la met sur
une table, on fait un trou au milieu; on
y met deux œufs et un peu de sel; on
retire le beurre hors de l'eau, on l'es-
suie et on le pétrit dans la pâte; après
quoi on la bat doucement avec le rouleau, aussi mince qu'il est possible;
ensuite on la replie comme une serviette, et on la bat encore avec le rouleau, de la même façon; on la replie,
on saupoudre de farine de temps en
temps, afin que la pâte ne s'attache ni
à la table, ni au rouleau : on plie et
bat alternativement sa pâte de cette
manière, jusqu'à quatre fois, ni plus ni
moins, et on l'emploie.

Tourte de viandes cuites.

Vous prendrez vos restes de viandes et les hacherez bien menus, vous les assaisonnerez bien avec épices, fines herbes et lard fin. Observez bien qu'il faut que votre hachis soit gras; car, s'il ne l'était pas, il faudrait mettre du beurre : faites votre abaisse de pâte fine, et emplissez vos tourtes de votre appareil à moitié, et mettez dans le milieu culs d'artichauts, bouts d'asperges ou ce que vous voudrez, et l'achevez de remplir; ne la couvrez point, seulement une bande dessus et tout à l'entour; dorez avec du jaune d'œuf, ne la faites pas trop cuire, mettez un peu de sauce dessus, et servez chaud.

Tourte de godiveau.

Elle se fait comme le pâté de godiveau, indiqué page 59; mais on ne met rien dedans que le hachis et du lard fin, bien assaisonné dessus; on ne la

couvre pas non plus, on fait simple-
ment un bord à l'entour; et, si l'on
veut, quelques bandes en travers. On
la sert chaude, avec ou sans sauce.

Tourte de poissons.

Vous couperez anguilles par rouelles
et en ferez un lit dessus votre abaisse
de pâte feuilletée, et couperez carpes
par rouelles, que vous mettrez dessus
votre anguille; vous placerez dessus vos
carpes, bouts d'asperges, culs d'artichauts, champignons, quand on en a,
et beurre frais, étant accommodée de
cette sorte, vous mettrez encore un lit
d'anguilles par-dessus, et la couvrirez.
Observez de bien assaisonner votre
poisson avant que de le mettre sur vos
abaisses; il faut le mettre dans une terrine, avec beaucoup de fines herbes et
épices, et les bien retourner ensemble
avec les mains. Faites un petit soupirail
au-dessus de cette tourte pour y verser,
quand elle sera cuite, une bonne sauce
délayée avec jaune d'œuf, des câpres

et un anchois lavé et haché bien menu,
font un très-bon effet dans cette sauce.

Tourte d'épinards.

Vous ne prendrez que les feuilles
et vous les ferez éverdumer dans l'eau
bouillante, vous les égouterez bien,
hachez-les et les maniez avec beurre
frais, sucre, quelques œufs, quelques
cuillerées de crême et un peu de farine;
n'oubliez pas d'y mettre un petit grain
de sel. Quelques-uns y mêlent du fromage de gruyère râpé. Faites ensuite
votre abaisse de pâte feuilletée, et mettez votre appareil dedans; vous pouvez
la couvrir ou non, comme vous voudrez; mais si vous ne la couvrez point,
il faut mettre quelques morceaux de
beurre frais, ou du fromage râpé dessus.
Mettez votre tourte au four, et en servant, saupoudrez-la de sucre.

Tourte de pommes.

Vous pelerez vos pommes et les
couperez par rouelles bien minces,

arrosez-les avec un peu de vin, et arrangez-les dessus vos abaisses ; mettez
sucre et canelle en poudre dessus ; couvrez ou ne couvrez pas ; vous pouvez
aussi mettre écorce de citron confit ;
dorez le dessus de votre pâte, mettez-la
au four, et en servant poudrez de sucre
par-dessus.

Celle de poires se fait de la même
façon, mais il faut qu'elle cuise plus
long-temps.

Celles d'abricots, de prunes, de cé-
rises et de reine-claude, se font de
même.

Tourte de crême.

Pour une compagnie de douze personnes, il faut deux chopines ou un
litre de lait, que vous ferez chauffer,
et quand il sera prêt à bouillir, vous y
mettrez environ quatre onces de beurre
frais, très-peu de sel, du sucre à vo-
lonté et deux onces de macarons ou
d'amandes pilées. Si vous voulez vous
pouvez y mettre aussi un peu d'eau

rose ou d'eau de fleurs d'orange et écorce de citron confit, haché bien menu. Lorsque tout cela est prêt à bouillir, vous délayerez deux onces de farine avec huit œufs et un peu d'eau de rose, si vous en avez, versez cela dans votre lait, et tournez toujours sur petit feu : il faut qu'elle cuise un bon quart-d'heure : il y en a qui la font cuire davantage ; elle en devient meilleure, mais il faut la tourner continuellement. Quand votre crême aura l'épaisseur convenable, vous l'ôterez du feu et la ferez refroidir avant que de la mettre sur vos tourtes. Garnisez votre tourtière d'une abaisse en pâte feuilletée, ou autre pâte fine ; versez votre appareil dessus, de l'épaisseur d'un pouce, ne la couvrez point, mettez seulement un bord et des bandes, dorez et mettez au four. Étant cuite, saupoudrez-la avec sucre et canelle.

Petits pâtés aux truffes.

On fait une sauce mêlée d'autant de

truffes qu'on a de rouelles de veau, avec graisse, moëlle de bœuf, sel, poivre, un ou plusieurs œufs, et autant de petites cuillerées d'eau-de-vie, qu'on a pris d'œufs, on en remplit sa pâte, à laquelle on donne la forme qu'on veut : on sert ces petits pâtés très-chauds.

Petits pâtés au foie gras.

On pile son foie dans un mortier, avec beurre, lard râpé, sel, fines herbes en poudre et fines épices ; étant réduit en farce fine, on y mêle quelques œufs, un peu de mie de pain râpé, petit verre d'eau-de-vie, et on dresse les petits pâtés.

Petits pâtés aux anchois.

On lève des anchois nouveaux par filets, on les fait bien dessaler : quand on les a bien essuyés, on les fait mariner avec un peu d'huile, du gros poivre, persil, ciboules, échalotes hachées ; ensuite on prend la moitié des anchois hors du ragoût, et on les met

à part ; on hache le reste très-fin , on
y mêle de la mie de pain râpé , l'écorce
d'un citron et un ou deux œufs ; on met
cette farce par petits monceaux sur des
feuilles de pâté, on met deux filets d'anchois , qu'on a mis à part , dessus , en
croix ; on couvre de pâte , on dore et
on cuit dans un four ou sous une tourtière. En servant, on les découvre pour
y presser un jus de bigarade ou de citron ; on les recouvre ensuite , et on
les sert très-chauds.

Les mêmes , d'une autre façon.

Au lieu de hacher la moitié des anchois , comme il est indiqué ci-dessus ,
on fait une farce aux truffes (page 69),
on en met un peu dans le fond de chaque petit pâté , et les petits filets d'anchois par-dessus , en croix , avec tout
leur assaisonnement ; on les finit au
reste comme il est dit plus haut ; on
les sert de même avec du jus de citron,
et très-chauds.

Gaufres fines.

On met deux onces de belle farine dans un pot, on la délaye avec un quart de chopine de bonne levure de bière, et assez de lait chaud, pour que la pâte soit si liquide qu'elle coule de la cuiller; on y ajoute sept jaunes d'œufs, les sept blancs fouettés en neige, une demi-livre de beurre fondu; on mêle bien le tout ensemble, et on met la pâte dans un endroit chaud, pendant une heure, pour la faire lever; ce temps expiré, on peut faire ses gauffres. On observera que le fer soit toujours bien chaud, bien beurré, et qu'on ne doit jamais remuer la pâte, de crainte qu'elle ne tombe, ce qui rendrait les gauffres mauvaises. A mesure qu'on en a de cuites, on les poudre de sucre et de canelle. Ces gauffres sont très-légères, fondant presque dans la bouche, et sont, surtout lorsqu'on les mange chaudes, très-délicates.

Beignets soufflés.

On fait bouillir un instant un verre d'eau, dans lequel on met un peu de sucre, un demi-quarteron de beurre, un peu d'écorce de citron vert, râpée très-fin, et une pincée de sel; on y met ce qu'il faut de farine pour faire une pâte bien liée, on la remue sur le feu, jusqu'à ce qu'elle quitte la casserole; on l'ôte du feu, et on y met, pendant qu'elle est chaude, un œuf à-la-fois, lequel on remue jusqu'à ce qu'il soit bien lié avec la pâte; on continue de cette manière à mettre des œufs l'un après l'autre, jusqu'à ce que la pâte tienne après les doigts. Cela fait, on y met des macarons écrasés, des fleurs d'orange pralinées et du citron confit; on étend ensuite sa pâte sur un plat un peu fariné, et on la coupe en petits morceaux gros comme une petite noix; on fait frire ses beignets dans une friture modérément chaude, à un feu très-doux : on en met peu à-la-fois ; quand

G

ils sont d'une belle couleur, on les saupoudre de sucre, et on les sert chauds.

Biscuits fins.

On prend douze œufs, on les casse, on met les blancs dans un chaudron de confiseur, on les fouette jusqu'à ce qu'ils soient bien montés en neige, alors on y mêle les jaunes, avec une demi-livre de sucre en poudre très-fine ; puis on met le chaudron sur un feu de charbon ; on fouette sans cesse, jusqu'à ce que la pâte ait une épaisseur telle, qu'en tombant du fouet, elle forme une petite globule qui ne s'élargisse pas si vîte ; alors on la retire du feu, mais on continue de fouetter, jusqu'à ce que la pâte soit refroidie ; cela étant, on y mêle légèrement une demi - livre de belle farine tamisée et une écorce de citron, ou, si on aime mieux, des fleurs d'orange pralinées, en poudre ; on met ensuite tout son appareil de biscuit dans le vaisseau où on le veut faire cuire, et

qui doit être beurré de bon beurre raffiné ; on fait cuire son biscuit environ
une heure et demie, et on le sert ainsi
dans son naturel.

Gâteau de Milan, ou Biscuit au beurre.

Il se fait de la même manière que
le précédent ; mais avant de mettre la
pâte dans la forme, il faut y ajouter
une demi-livre de bon beurre raffiné,
fondu, et qui ne soit plus chaud ; après
avoir remué votre composition bien
doucement, vous en remplirez votre
vaisseau à moitié (crainte qu'elle ne
monte par-dessus), et la ferez cuire.

Gâteau de Lisbonne.

On fait fondre une demi-livre de
bon beurre, qu'on a soin d'écumer.
Quand il est refroidi, on le remue pendant une demi-heure dans un plat,
jusqu'à ce qu'il soit devenu presque
comme de la crème ; après quoi on y
ajoute une demi-livre de sucre en poudre, et, en remuant toujours, on y met

peu-à-peu six œufs, une demi-livre de belle farine, une écorce de citron, ou de la muscade, ou de la fleur d'orange pralinée, suivant le goût. Après l'avoir bien mêlé, on met la composition dans le vaisseau où on la veut faire cuire, et qu'on a eu soin de bien beurrer auparavant, on la fait cuire environ trois quarts - d'heure à une chaleur très-modérée.

Losanges friandes.

On a une pâte de feuilletage bien faite, on en fait des gâteaux coupés en losanges, grands comme le creux de la main ; on en dore le dessus, et on sème légèrement sur cette dorure de la fleur d'orange pralinée en poudre, avec du citron vert râpé et des macarons hachés aussi comme en poudre, sans oublier quelques amandes coupées en petits filets ; on les fait cuire, et pour empêcher qu'ils ne prennent trop de couleur, on les couvre avec du papier.

Craquelins exquis.

On fait une pâte d'une demi-livre d'amandes pilées, une demi-livre de sucre en poudre, une demi-livre de belle farine et quatre œufs ; après l'avoir bien pétrie, on en fait de petits craquelins ; on les dore avec de l'œuf battu, on les saupoudre de sucre et canelle, on les met sur une platine beurrée et on les cuit au four, à une chaleur très-modérée, car autrement ils se brûleraient.

Ces craquelins sont très-délicats à prendre avec les liqueurs, pour le dessert, etc. ; quand ils sont mis dans un endroit sec, ils se conservent très-long-temps et n'en deviennent que meilleurs.

CONFITURES, GELÉES,
FRUITS A L'EAU-DE-VIE ET RATAFIAS.

Clarification du sucre et cassonnade.

METTEZ votre sucre dans une bassine avec une bouteille d'eau sur chaque livre de sucre. Il y en a qui prennent moins d'eau, cela dépend de la qualité du sucre et de la force que l'on veut donner au sirop. Ayez dans une écuelle, à côté de votre bassine, du blanc d'œuf, fouetté avec de l'eau (1). Lorsque votre sucre bouillira, vous en verserez une partie dans le sirop, remuez-le avec l'écumoire, après écumez-le, remettez-y encore du blanc d'œuf fouetté, et l'écumiez; continuez jusqu'à ce qu'il soit bien clair et bien net. Passez-le à travers un linge; il se gardera très-long-temps, pourvu que vous l'ayez cuit au degré convenable.

Pour confire des coings.

Prenez des coings bien murs et-les pelez, fendez-les par quartiers, en ayant ôté le cœur, mettez le fruit dans de l'eau fraîche, pendant vingt-quatre heures; faites cuire du sucre à la lisse,

---

(1) La proportion est le blanc d'un œuf et deux verres d'eau pour dix livres de sucre.

et ayant fait égoutter les coings, mettez-
les dans le sucre, couvrez la bassine et
faites cuire à petit feu. Vous pouvez y
mettre quelques morceaux de canelle ;
faites reduire le sirop en gélée, laissez
refroidir et mettez votre confiture dans
des bocaux.

Confiture de cerises.

On choisit pour cela de belles cerises
noires, aigres ; on en ôte les queues et
les noyaux ; (prenez garde de ne pas
écraser les cerises, elles doivent rester
entières.) Cette opération faite, pesez
vos cerises, prenez pour chaque livre
de cerises une demi-livre de sucre en
poudre ; mettez vos cerises et le sucre
dans une bassine ; observez de mettre
alternativement des couches de sucre
et de fruit ; mettez-y aussi quelques
morceaux de canelle et quelques clous
de girofle ; placez la bassine sur un feu
doux, et faites bouillir, sans y toucher
avec l'écumoire, afin de ne pas écraser
le fruit ; seulement, lorsque votre ap-

pareil veut monter, vous recouvrez de
temps en temps votre bassine pour le
faire redescendre. Ayez aussi grand soin
de tenir prête une éponge imbibée
dans de l'eau fraîche, avec laquelle vous
laverez de temps en temps les bords
intérieurs de la bassine, afin d'éviter la
brûlure du sucre ; faites cuire le tout
jusqu'à ce qu'il soit en gelée. Pour connaître s'il est à ce degré, vous mettrez
un peu de votre sirop sur une assiette,
si vous le voyez rester en rubis, et qu'il
n'en coule point en penchant cette
assiette, c'est une preuve qu'il faut re-
tirer votre confiture ; vous la mettrez
dans des pots et la couvrirez quand elle
sera froide.

Abricots confits.

Choisissez des abricots qui soient
au juste point de leur maturité, pelez-
les, coupez-les par moitié, ôtez-en les
noyaux ; et rangez vos fruits dans un
vase bien proprement, un à un, pour
qu'ils ne s'écrasent pas. Clarifiez cinq

(818)

livres de sucre pour un cent d'abricots, et versez ce sirop un peu plus que tiède, sur vos abricots. Tous les matins, pendant une semaine, vous mettrez égouter vos abricots sur un tamis, vous ferez rebouillir votre sucre que vous écumerez toutes les fois, et remettrez vos abricots dans votre vase, et votre sucre par-dessus, toujours un peu plus que tiède, jamais chaud. Le huitième jour, vous mettrez le fruit et le sirop ensemble dans la bassine ; vous faites prendre seulement un bouillon ou deux, puis un peu refroidir, ensuite vous le rangerez dans les pots ou bocaux, et après que ce sera tout-à-fait refroidi, vous les fermerez avec du parchemin, ou avec de la vessie et du papier.

Abricots à l'eau-de-vie.

Ils se préparent absolument de la même manière que nous venons d'indiquer, excepté qu'on ne les fend point, il faut les laisser entiers, seulement les peler ; et le huitième jour, après avoir

bouilli pendant quelques instans avec
le sucre, vous les retirerez de leur sirop,
les placerez un à un dans les pots ou
dans les bocaux de verre, et ensuite
vous remplirez ces mêmes pots avec
de la meilleure eau-de-vie que vous
pourrez avoir. Couvrez provisoirement
vos pots; et quand le fruit sera bien
refroidi, vous fermerez vos pots avec
du parchemin.

Gelée de corne de cerf exquise.

On met dans un pot de terre vernissé
une demi-livre de corne de cerf râpée,
et huit chopines d'eau; on couvre et on
fait chauffer sur un feu doux, pendant
quatre heures; ensuite on le passe au
tamis et on le remet sur le feu, en y
ajoutant deux bouteilles de bon vin
blanc, le jus de trois à quatre citrons,
quelques morceaux de canelle, un petit
morceau d'écorce de citron et une
demi-livre ou trois quarterons de sucre;
on le fait bien bouillir, on le clarifie
avec quelques blancs d'œufs, et on

passe enfin à travers un linge fin et serré : on met sa gelée de suite dans les pots destinés à la conserver. Avant de les couvrir avec du papier, il faut que la gelée soit parfaitement refroidie ; sans cela elle se gâterait. Cette gelée est aussi claire que de l'eau, très-confortante et d'un goût délicieux.

Gelée de pommes, façon de Rouen.

On prend les plus belles pommes de reinette et sans aucune tache ; on les pèle avec soin, on les coupe par tranches minches et on les lave dans plusieurs eaux ; ensuite on les met dans un vaisseau ou vase couvert, avec beaucoup d'eau ; on les fait bouillir jusqu'à ce que l'eau soit presque toute réduite, et que la décoction soit visqueuse ou gluante ; on la passe alors au tamis ou dans un linge clair bien propre : on mesure ce jus, on met sur le feu autant de sucre clarifié, qu'on fait réduire au degré convenable, c'est-à-dire, au cassé. (On la reconnaîtra en mettant son doigt dans un gobelet rempli d'eau, qu'on a soin de tenir de la main gauche ; vous tremperez le doigt mouillé d'eau dans votre sucre et vous le reporterez sur-le-champ dans le gobelet d'eau. Si votre sucre sèche dans l'eau , et s'il casse en le prenant dans vos doigts , c'est une marque que votre sirop est au degré du cassé.) Y étant, on y verse le jus de pommes très-doucement, on fait bouillir un bouillon et on l'écume en le retirant du feu un moment; ensuite de quoi on remet bouillir sa gelée de pommes, jusqu'à ce qu'en la versant dans l'écumoire , elle tombe en nappe ; on l'enferme bien dans les pots destinés à la conserver.

Gelée de Coings.

Coupez les coings par morceaux et les faites bouillir dans l'eau ; passez-les dans un linge et les pressez bien ; prenez le jus qui en sort , mettez , à une pinte ou litre, une livre de sucre ; faites-le cuire à petit feu et le tenez couvert. N'oubliez pas d'y mettre un petit morceau de canelle. Au reste, la cuisson se fait comme il est dit aux autres gelées.

Observation essentielle sur la manière de conserver les gelées, compotes et confitures.

On ne doit jamais couvrir les pots, que la gelée ne soit parfaitement refroidie ; ensuite on a soin de tremper son premier papier, c'est-à-dire, celui qui touche la gelée ou la confiture, etc. dans de l'eau-de-vie. Elle s'en conserve beaucoup mieux, et on ne la verra jamais moisir.

Manière de faire du bon raisiné.

On prend la quantité de raisins qu'on veut employer ; on les égraine et on les presse à mesure dans le chaudron qu'on destine à les faire cuire ; on les met sur un feu clair, à mesure qu'ils bouillent, on en retire le plus qu'on peut les graines avec une écumoire ; on

H

les laisse réduire au tiers, on a soin de diminuer le feu à mesure qu'ils s'épaississent; on les remue souvent avec une spatule de bois, pour qu'ils ne brûlent pas; on les retire ensuite pour les passer à travers un linge blanc, en les pressant bien fort avec les mains. Cela fait, on les remet sur le feu pour leur faire faire quelques bouillons : on ne cesse de les tourner que lorsqu'ils ont pris une consistance suffisante; on les retire du feu pour les mettre sur-le-champ dans des terrines. Quand le raisiné est à moitié froid, on le met dans les pots, qu'on laisse découverts pendant cinq ou six jours; on les couvre de papier; on visite de temps en temps son raisiné; si le papier se moisit, on le jette et on en met d'autre : on continue d'avoir ce soin jusqu'à ce que toute l'humidité du raisiné soit évaporée; alors, s'il est bien cuit, il ne se gâte plus; s'il continue à se gâter, vous en êtes quitte pour le faire recuire un peu, et vous le couvrez avec soin.

pour n'y plus toucher que lorsque vous en voudrez manger.

On en fait aussi de bonnes tourtes.

Orgeat anglais, ou Punch blanc.

Prenez un quarteron d'amandes amères, pilez-les dans un mortier avec un peu de sucre et de l'eau de fleur d'orange, exprimez-en le lait, que vous mettez dans un demi-poisson d'eau-de-vie, avec deux onces de sirop de capillaire, le jus d'un citron, un peu de lait et du sucre à discrétion ; servez-le frais et promptement.

Sirop de bavaroise.

On prend pour un sou d'herbe de capillaire, qu'on fait cuire dans une pinte d'eau, pendant une demi-heure ; passez-le au travers d'un linge dans une casserole ; ajoutez à cette décoction une demi-livre de sucre, puis faites-le cuire jusqu'à consistance de sirop, et qu'il s'attache aux doigts. Il faut avoir soin de tirer l'écume qui s'y formera ; puis on y ajoute deux cuillerées d'eau de fleurs d'orange ; on lui fait faire encore quelques bouillons, on le laisse refroidir, et on le met dans des bouteilles pour le garder au besoin.

Ratafiat girofflé de Dantzick.

Prenez trois quarts d'once de clous de girofle et autant de canelle ; brisez la canelle en petits morceaux, mettez-la avec le girofle dans un verre rempli d'un demi-setier d'eau ; couvrez bien le verre et laissez-le tranquillement infuser pendant vingt-quatre heures. Le lendemain, faites clarifier deux livres de sucre dans une bouteille d'eau, faites cuire votre sirop jusqu'au degré du soufflet : étant à ce point, vous ajouterez à ce sirop quatre bouteilles du meilleur vin rouge de Bordeaux ; ensuite prenez le verre dans lequel vous avez mis en infusion vos épices ; passez l'infusion par un linge dans le sirop ; mettez les épices dans un petit sachet fait d'un linge propre ; fermez le petit sachet avec un fil, et mettez-le de

même dans la liqueur); couvrez la casserole et faites prendre à votre liqueur
une sixaine de bouillons, Otez-la pour
lors du feu, versez-la dans une terrine
de faïence, et laissez-la refroidir à
couvert. Le soir ou le lendemain, quand
votre liqueur sera parfaitement froide,
vous en retirerez le petit sachet aux
épices, que vous aurez soin d'exprimer
fortement sur la terrine. Prenez ensuite
une bouteille du meilleur esprit de vin
rectifié, dans une main, et une cuiller
dans l'autre; versez peu à peu de l'esprit
de vin dans la liqueur, remuez bien
votre liqueur et goûtez-la très-souvent.
Aussitôt qu'elle vous paraîtra assez spi-
ritueuse, vous cesserez de verser de
l'esprit de vin. Si vous croyez qu'elle
manque de sucre, mettez-en encore
quelques morceaux dans la liqueur.
Etant au ton convenable, vous la mettrez en bouteille, que vous aurez soin
de bien boucher, ficeler et mastiquer.
Plus long-temps elle sera gardée dans
une cave, meilleure elle deviendra.

H. 2.

C'est une des liqueurs les plus agréables qu'on puisse boire. C'est autant par cette raison, que par sa salubrité, qu'elle est en grande faveur dans les pays du Nord, où on l'estime encore plus que les liqueurs des îles.

Ratafiat de Coings.

Prenez de bons coings que vous pilerez après en avoir ôté la pelure et les pepins; pressez-les bien dans un linge neuf; mesurez le jus que vous en tirerez, mettez deux pintes d'eau-de-vie sur trois de jus, et un carteron de sucre par pinte, de la canelle, de la coriandre, du gingembre et macis, le tout modérément, de la canelle plus que des autres épices. Faites infuser le tout ensemble pendant dix ou quinze jours; bouchez bien la cruche où vous avez mis votre ratafiat, pour qu'il ne prenne point l'évent; il faut ensuite le passer à la chausse bien claire, et le mettez dans des bouteilles bien propres. Bouchez-les bien et mettez-les à la cave. Plus ce ratafiat est vieux, meilleur il est.

SUPPLEMENT.

CONSERVATION DE PLUSIEURS FRUITS ET LÉGUMES, SUIVIE DE QUELQUES AUTRES SECRETS D'UTILITÉ DOMESTIQUE.

Méthode simple et facile d'avoir des Asperges en tous temps.

OTEZ-EN le dur, faites-les bouillir un bouillon avec eau, sel et beurre, puis mettez-les dans de l'eau fraîche; retirez-les lorsqu'elles sont froides: on les laisse égoutter, ensuite on les met dans un pot de terre neuf, dans toute leur longueur, avec du sel, clous de girofle, citron vert, moitié eau et moitié vinaigre. On couvre le pot avec un linge blanc et on coule du beurre dessus: elles se conservent dans un lieu tempéré. Quand on veut s'en servir, on

les met environ deux minutes dans
l'eau fraîche, on les lave un peu et on
les fait cuire à l'ordinaire.

Manière de conserver les Artichauts pour l'hiver.

On fait une saumure en mettant les
deux tiers d'eau et un tiers de vinaigre,
du sel, suivant la quantité de saumure
qu'on fait, environ une livre de sel
pour trois pintes de saumure; on la fait
chauffer sur le feu, jusqu'à ce que le
sel soit fondu ; on la laisse ensuite
reposer pour la tirer au clair, on met
ses artichauts dedans, après les avoir
fait cuire pendant un quart-d'heure
dans l'eau bouillante.

Si on préfère les sécher, on en ôte
toutes les feuilles et on ne laisse au cul
des artichauts que ce qui est bon à
manger ; on les jette dans l'eau jusqu'à
ce qu'on puisse en ôter le foin ; on les
remet dans l'eau fraîche et on les fait
égoutter : ensuite on les met sur des
claies, dans un four qui ne doit pas

être trop chaud, de façon qu'on puisse y tenir la main sans se brûler. Quand ils sont secs, on les serre; et quand on veut les employer, on les met dans de l'eau tiède.

Moyen de conserver les Haricots verts pour l'hiver.

Après les avoir épluchés, on les fait cuire pendant un quart-d'heure : quand ils sont égouttés, on les enfile avec une aiguille et du bon fil, on les pend au plancher dans un endroit sec ; c'est la meilleure manière de les conserver long-temps. Lorsqu'ensuite vous voulez les manger, vous les faites tremper dans l'eau tiède jusqu'à ce qu'ils aient repris leur première verdure ; puis ensuite vous les faites cuire dans l'eau et vous les accommodez comme bon vous semble.

La meilleure méthode de conserver les petits Pois verts, est la suivante.

On choisit les plus jeunes et les plus tendres; on les écosse, on les met dans une casserole avec un petit morceau de beurre, et, selon qu'on a plus ou moins de pois, deux ou trois cuillerées de sucre en poudre; on les laisse sur le feu, en les remuant sans cesse, jusqu'à ce qu'ils soient en pleine sueur. Alors on les ôte bien vîte, on les étend sur des tamis ou sur des linges, pour les laisser refroidir; on les conserve dans des boîtes doublées de papier, ou dans des bocaux de verre, dans un endroit sec.

Comment il faut confire des herbes potagères pour en avoir pendant l'hiver.

Toutes les personnes ménagères font usage de cette méthode. On prend, communément vers la fin de septembre, de l'oseille, du cerfeuil, de la poirée, du persil et des ciboules; on met de ces herbes à proportion de la force qu'elles ont, après toutefois les avoir bien épluchées et lavées à plusieurs reprises; on les fait égoutter, on les hache et on les presse dans les mains, pour qu'il y reste le moins d'eau possible. On met le tout dans un chaudron ; on met dedans un bon morceau de beurre, et les herbes par-dessus, avec ce qu'il faut de sel ; on les fait cuire à petit feu, jusqu'à ce qu'elles soient bien cuites et qu'il ne reste point d'eau ; lorsqu'elles sont un peu refroidies, on les met dans des pots bien rincés. Quand les herbes sont entièrement refroidies dans les pots où on les a mises, on fait fondre du beurre, qu'on laisse refroidir jusqu'à ce qu'il soit tiède, on le met ensuite sur les herbes. Quand le beurre est bien pris, on couvre les pots, qu'on met dans un endroit ni trop frais, ni trop chaud ; les herbes se conservent ainsi jusqu'à Pâques : c'est une très-grande ressource pour l'hiver.

Au lieu de mêler les herbes, on peut aussi confire chacune à part, sur-tout le persil : cela dépend du jugement et des besoins de chaque ménagère.

Manière de confire les Cornichons à la hollandaise.

Prenez une partie de petits concombres ou des cornichons, ôtez leur duvet avec une brosse, lavez-les dans de l'eau fraîche et faites-les égoutter sur un tamis; après quoi vous les arrangerez dans des bocaux de verre, avec du poivre d'Espagne, quelques grains de poivre blanc et quelques feuilles de cerisier. Versez par-dessus autant de vinaigre le plus fort et le plus concentré qu'il vous sera possible d'avoir; que les cornichons en soient couverts. Bouchez bien vos bocaux et laissez-les reposer pendant vingt-quatre heures; après ce temps, versez le vinaigre par inclinaison dans une casserole bien étamée; ajoutez-y encore un peu de vinaigre frais, mettez-le au feu et laissez-le bouillir. Ayant jeté deux ou trois bouillons, vous l'enlèverez du feu; après s'être refroidi de moitié, vous le verserez sur vos cornichons, dans les bocaux de verre; bouchez-les bien, et après vingt-quatre heures, vous ferez bouillir et refroidir le vinaigre, comme la première fois. Continuez ce procédé pendant huit jours, en faisant bouillir et refroidir le vinaigre, avant de le verser sur les cornichons. Observez qu'il faut, à chaque cuisson, ajouter du nouveau vinaigre à l'ancien, parce qu'il diminuerait sans cela. Le huitième jour, vous ferez cuire votre vinaigre comme à l'ordinaire; mais lorsqu'il commencera à bouillir, vous y verserez vos cornichons, ayant soin d'omettre les poivres d'Espagne et les feuilles de cerisier; couvrez votre casserole avec un couvercle de cuivre bien poli; laissez-leur prendre quelques bouillons, après quoi vous enlèverez la casserole du feu, en laissant refroidir le contenu : cela fait, vous arrangerez, comme ils étaient avant la cuisson, les cornichons, les poivres et les feuilles, dans les bocaux de verre ; ensuite vous verserez le vinaigre dessus, vous boucherez bien les

I

bocaux avec une ficelle, et vous les conserverez dans un lieu frais. Quelques-uns prennent, au lieu de feuilles de cerisier, de l'anet.

Pour confire les Betteraves.

Faites cuire les betteraves ; étant bien tendres, vous les pelerez et vous les couperez en tranches : prenez ensuite du raifort, que vous pelerez et couperez en petits morceaux carrés. Mettez ensuite vos betteraves dans une grande cruche ou pot de grès ; ayez soin de parsemer chaque couche d'une poignée de raiforts coupés en dés, de la coriandre et de l'anis. Ayant rempli votre cruche, vous y verserez autant de vinaigre que les betteraves en soient couvertes de deux doigts. Déjà après vingt-quatre heures, vos betteraves seront mangeables ; si vous placez votre cruche dans un endroit tempéré, et que vous ayez soin de la tenir toujours couverte, elles se conserveront jusqu'à l'approche de l'été.

(99)

On prend autant de choux blancs qu'on juge nécessaire pour faire sa provision d'hiver. Choisissez de préférence ceux d'une moyenne grosseur, qui soient bien fermes. En cas qu'on les ait coupés tout récemment du terrain, il faut les placer les uns à côté des autres, dans un endroit sec, la queue en dessous et la tête en l'air, vous les laisserez ainsi pendant une semaine, afin qu'ils perdent toute leur humidité. Ce n'est pas sans raison que je dis qu'il faut les placer sur les queues, car, si vous en faisiez autrement, toutes les feuilles de dessus pourriraient.

Au bout de huit jours, lorsque vos choux seront bien secs, vous les prendrez un à un pour en ôter les feuilles extérieures qui se trouveraient ou trop vertes, ou pourries, ou mal-propres. Vous couperez également l'excédant des queues, et fendrez chaque tête de chou en deux.

Cette première opération terminée, on doit tenir prêt un ou plusieurs barils ou futailles, suivant la quantité de choux que l'on veut saler. On préfère pour cela, si on peut en avoir, les tonneaux dans lesquels il y aurait eu du vin blanc, parce qu'ils communiquent aux choux un goût et une odeur très - agréables; enlevez-en un fond et arrangez-le de façon qu'il devienne un couvercle qui entre aisément dans le baril. Placez ces tonneaux ou barils dans une cave ou dans un autre endroit frais, qui ne soit ni humide, ni moite; ayez aussi soin de les poser sur des solives ou sur un tas de pierres, afin que le fond du tonneau ne vienne pas en contact immédiat avec l'humidité de la terre.

Tout cela étant ainsi préparé, vous ferez raboter vos choux au moyen d'une machine faite exprès pour cela.

Toutes les fois qu'on aura fini de hacher vingt-cinq pommes de choux, on fera une pause, afin de mêler parmi ces coupures de choux, une livre ou

cinq carterons de sel (qu'on a eu soin
de piler auparavant,) et une poignée
de ceps de vigne qu'on a nettoyés et
coupés à la longueur de deux ou trois
pouces (1). On assaisonne en même-
temps son chou, soit avec de la coriandre en grains, ou avec du cumin,
suivant que vous aimez mieux l'un ou
l'autre de ces épices. Mêlez le tout bien
exactement avec le chou, et portez-le
dans le tonneau à ce destiné. A mesure
que l'on y met une partie, il faut l'y
bien enfoncer au moyen d'une espèce
de pilon, sur-tout vers les bords du
tonneau. Plus la choucroute est en-
foncée et serrée, mieux elle se conserve.

---

(1) Les ceps de vigne servent à opérer la
fermentation du chou, et à lui donner un goût
vineux. Dans les pays non-vignobles où l'on ne
peut pas avoir de ceps de vigne, il faut recourir
à un autre moyen pour exciter la fermentation
du chou ; c'est de prendre du levain de pain bis
et d'en frotter toutes les jointures intérieures du
tonneau, du haut jusqu'en bas. Sans cette précaution, le chou ne fermenterait pas, et n'aurait
par conséquent qu'un goût fade ou purement salé.

On continue ainsi à raboter, à assaisonner et à mettre au tonneau, jusqu'à ce que tout votre chou soit coupé,
ou le tonneau presque rempli. Cela
étant fait, on étend sur la choucroute
une couche de grandes feuilles qu'on
a ôté d'abord ; mais il faut avoir soin
de les laver bien proprement et les
bien choisir, afin qu'il n'y en ait point
de pourries parmi elles. Sur cette couche de feuilles, on pose le couvercle
et on charge le tout de grosses pierres,
pour que le chou soit bien comprimé.

On laisse ce tonneau tranquille pendant trois ou quatre semaines, sans y toucher, pour ne pas troubler la fermentation, qui est ordinairement achevée
au bout de vingt à vingt-cinq jours ; et
alors votre choucroute sera mangeable.

Voici encore quelques observations
essentielles pour sa conservation : chaque fois que vous allez auprès du tonneau et que vous ôtez les pierres et le
couvercle pour prendre de la choucroute pour les besoins de la cuisine, il

faut laver bien proprement les grandes
feuilles, de couvercle et les pierres,
avant de les remettre dessus.

Toutes les feuilles moisies doivent
être jetées et remplacées par des feuilles
fraîches et saines.

Si, par suite de la saison avancée,
les feuilles de choux vous manquaient,
vous pourrez les remplacer par des
linges propres ; mais n'oubliez jamais
que chaque fois que vous allez auprès
du tonneau, et que vous apercevez la
moindre moisissure, il faut vous hâter
de bien laver les pierres, le couvercle
et le linge, avant que de les remettre.

En prenant une partie de choucroute
hors du tonneau, pour la faire cuire, il
faut avoir grand soin d'en ôter également
partout, afin que la surface du chou
reste toujours unie ; car si l'on faisait un
creux et que l'on posât le couvercle et
les pierres dessus, il en arriverait que
le chou se moisirait en cet endroit, et
gâterait peu-à-peu toute la provision.

C'est faute de connaître et d'observer

toutes ces précautions, qui, au premier abord, semblent être minutieuses, que l'on mange si rarement de la bonne choucroute en France (1). Il faut cependant remarquer aussi que la manière de la cuire contribue beaucoup à la faire trouver excellente ou détestable. Dans la plupart des cuisines, on est accoutumé à mettre la choucroute avec de l'eau froide sur le feu, ensuite on y met un peu de graisse ; quelquefois même encore du sel et du poivre, et on sert. Cette pratique est essentiellement mauvaise et ne donne pour produit qu'un met dur, âcre et désagréable à la vue, au goût et à l'odorat.

Je crois donc rendre un service à mes lecteurs, en leur indiquant la meilleure manière dont on prépare cet aliment en Allemagne.

____

(1) On m'en a servi quelquefois, même dans les meilleures auberges, qui ressemblait parfaitement à de la paille hachée qu'on aurait fait cuire, et dans laquelle on aurait mis un peu de graisse et beaucoup de sel. *Note de l'éditeur.*

(105)

Ne retirez hors du tonneau qu'autant
de chou que vous voulez cuire à-la-fois,
comprimez - le fortement entre les
mains, pour en faire sortir tout le jus,
ensuite goûtez-le, et si vous le trouvez
trop salé ou trop aigre, ce qui arrive
ordinairement vers le printemps, il faut
le laver quelques instans dans l'eau fraîche, bien exprimer toute l'eau et mettre
à égoutter.

La choucroute se cuit toujours avec
du lard ou avec du porc frais. Or, pendant que vous lavez et arrangez le chou,
vous avez déjà mis votre pot au feu, et
quand la viande est à moitié cuite, vous
jetez votre chou égoutté dans la marmite, sur le bouillon et le lard, pendant qu'il est au plus fort bouillon.
Jettez-y encore une ou deux cuillerées
de graisse de porc fondue (car la choucroute, pour être bonne, demande
beaucoup de graisse.) Couvrez votre
marmite et faites cuire jusqu'à ce qu'elle
soit bien tendre. Étant à ce point, vous
prendrez, suivant la plus ou moins

grande quantité de chou, trois ou quatre cuillerées de farine, que vous délayerez avec autant de graisse de porc fondue, si vous en avez, ou avec un bon morceau de beurre, pétrissez-bien ensemble et mêlez cela parmi votre choucroute; cette espèce de pâte sert à absorber tout le jus et à donner au chou une saveur plus moelleuse et plus agréable. Laissez-la ainsi mitonner encore une heure environ, et servez ensuite chaud.

On sert ordinairement la choucroute sur un grand plat, le porc frais ou le lard au milieu et des saucissons frits à l'entour.

Manière de rendre les Bouchons de liège imperméables à l'air.

On a observé que les meilleurs vins et les liquides les plus spiritueux perdent souvent de leur force quand on les garde long-temps dans la cave. La cause en est seulement à la qualité poreuse des bouchons ordinaires, qualité à laquelle le ficelage et le goudronnage ne remédie qu'en partie. Je crois donc

rendre un service agréable à maint éco-
nomes industrieux, et ne pouvoir mieux
terminer cet opuscule, qu'en indiquant
un moyen simple et facile de préparer
les bouchons, de manière qu'ils soient
absolument impénétrables au gaz le
plus subtil ; le voici :

Prenez de la cire blanche pure, fai-
tes-la fondre, mêlez-la avec une égale
quantité de sang de bœuf clarifié. Trem-
pez vos bouchons de liège trois fois
dans cette mixtion, en observant chaque
fois de les ranger les uns à côté des autres, soit sur un large plat de terre, ou
sur une platine de fer, de façon que les
pointes soient en l'air. Mettez ce plat
ou la platine dans un four qui ne soit
pas trop chaud : laissez-y vos bouchons
jusqu'à ce qu'ils soient parfaitement
secs ; trempez-les ensuite de nouveau
dans la mixtion chaude, remettez-les
au four, et continuez ainsi alternative-
mens trois fois, jusqu'à ce que vos bouchons soient bien fermes et qu'ils aient
perdu toute leur porosité. Afin de faire

pénétrer encore davantage cette mixtion dans l'intérieur des bouchons, on peut y appliquer, du côté pointu, des piqûres faites avec une grosse épingle : ce qui est à recommander sur-tout pour les bouchons qui doivent être employés à boucher les flacons qui contiennent des acides forts. Pour plus de propreté, on les frotte d'un linge avant de les appliquer sur les bouteilles et flacons.

On pourrait aussi faire bouillir les bouchons dans la mixtion ; il est vrai qu'ils s'en imprégneraient davantage, mais aussi la plupart des bouchons perdraient leur rondeur ; il vaut donc mieux s'en tenir à la première méthode.

Avec ces bouchons ainsi préparés, qui rendent le goudronnage et le secours de la vessie tout-à-fait inutiles, on peut conserver même les liquides les plus forts, comme le naphta, l'esprit de vin rectifié, etc., sans avoir à craindre qu'ils puissent s'éventer.

FIN.

TABLE

DES MATIÈRES.

VIANDES ET VOLAILLES.

K

POISSONS.

CONFITURES, GELÉES,

FRUITS A L'EAU-DE-VIE ET RATAFIAS.

SUPPLÉMENT.

CONSERVATION DE PLUSIEURS FRUITS ET LÉGUMES , SUIVIE DE QUELQUES AUTRES SECRETS D'UTILITÉ DOMESTIQUE.

(114)

FIN DE LA TABLE.

A NISMES , CHEZ J. B. GUIBERT , IMPRIMEUR
DE M. LE PRÉFET.